양팔저울

접시저울

무게와 질량은 다른 거래!

지은이 윤병무

시인이며 어린이 책 작가이다. 이 책의 남매인 '후루룩 수학' 시리즈를 썼으며, 초등 국어·수학·사회·과학의 단원별 지식을 동시와 수필로 형상화하여 창발적 융합 교육을 실현했다고 평가받은 '로로로 초등 시리즈'(20권)를 썼다. 또한, 읽은 글(지문)을 나무 그림 도식으로 간추리는 방법을 알려주는 『나무 문해력 초등 국어 1학년』, 『나무 문해력 초등 국어 2학년』, 『나무 문해력 초등 수학 1학년』, 『나무 문해력 초등 수학 2학년』과 『나무 문해력 초등 1~2학년』, 『나무 문해력 초등 3학년』, 『나무 문해력 초등 4학년』, 『나무 문해력 초등 5학년』, 『나무 문해력 초등 6학년』을 썼으며, 아동·청소년을 위한 인성 교육서 『생각을 열어 주고 마음을 잡아 주는 성장기 논어』, 『옛일을 들려 주고 의미를 깨쳐 주는 성장기 고사성어』, 『속뜻을 알려 주고 표현을 살려 주는 성장기 속담』을 썼다. 창작 그림 동화로는 『펭귄 딘딤과 주앙 할아버지』를 썼다. 지은이의 시집으로는 『당신은 나의 옛날을 살고 나는 당신의 훗날을 살고』, 『고단』, 『5분의 추억』이 있으며, 산문집 『눈속말을 하는 곳』이 있다.

그린이 이철형

이 책의 남매인 '후루룩 수학' 시리즈의 그림을 그렸으며, '로로로 초등 시리즈' 중에서 16권의 책에 삽화를 그렸다. '마음으로 생각하는 인성 공부 시리즈'에 삽화를 그렸고, 창작 그림 동화 『펭귄 딘딤과 주앙 할아버지』와 함민복 시인의 시 그림책 『악수』의 그림을 그렸다. 또한, 인문 교양서 『우화의 철학』과 『나를 위한, 감정의 심리학』에 삽화를 그렸다.

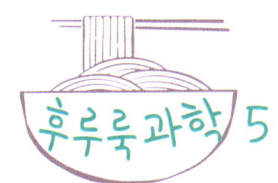

후루룩과학 5

무게와 질량은 다른 거래!
힘과 우리 생활

글 윤병무 그림 이철형

국수

눈이 내렸어.

하늘에서 펑펑 내린 함박눈이

땅 위에 소복소복 쌓였어.

한 아이가 생각했어.

눈송이는 왜
땅으로 떨어질까?

아이들이 눈을 뭉쳐 신나게 놀았어.

빗맞은 눈 뭉치가 땅 위에 툭 떨어졌어.

다른 아이가 생각했어.

눈 뭉치는 왜
땅으로 떨어질까?

아이들이 눈덩이를 굴렸어.

아이들이 힘을 합하여

큰 눈덩이 위에

더 작은 눈덩이를 얹었어.

아이들이 말했어.
왜 이리 무거워?

아이들이 집으로 돌아갔어.

눈사람이 서 있어.

다시 눈이 내렸어.

눈 외투를 입은 눈사람이

땅을 딛고 서 있어.

보이지 않는 바람이 눈사람을 쓰다듬고 지나갔어.

눈사람을 가득 채운 무엇이

슬며시 나타났어.

눈사람의 **질량**이었어.

눈사람의 **질량**이 땅을 향해 말했어.

내가 눈송이일 때는 꽤 작았는데
눈사람이 되면서 제법 커졌어.

눈사람 아래에서도 슬며시 무엇이 나타나 응답했어.

눈사람의 **무게**였어.

"나도 너를 따라 커졌어.

네가 눈송이일 때는

내가 너를 끌어당기는 힘이 꽤 작았는데,

네가 눈사람이 되고서는

내가 너를 끌어당기는 힘이 제법 커졌어."

눈사람이 대화에 끼어들었어.

눈사람의 **질량**이 대답했어.

눈사람의 **무게**도

눈사람에게 대답했어.

너의 안에 **질량**이 있고
너의 밖에 내가 있어.

눈사람의 **질량**이 다시 말했어.

"그래.

눈송이처럼 작은 물체이든

눈사람처럼 큰 물체이든

어떤 물체가 있으면

나는 그 물체를 이루고 있어."

눈사람의 **무게**가 말을 이었어.

"그리고

눈송이처럼 작은 **질량**이든

눈사람처럼 큰 **질량**이든

어떤 물체에 **질량**이 있으면

그 물체의 바깥에 내가 있어."

눈사람이 질문했어.

"그럼, 어떤 물체에 질량과 무게가 있다는 것을 사람들이 어떻게 알 수 있어? 아까 보니까, 아이들이 눈은 보아도 질량과 무게는 못 보는 것 같던데?"

눈사람의 **질량**이 대답했어.

"그래. 사람들은 나와 **무게**를 직접 볼 수는 없어.

대신에, 몸으로 느낄 수는 있지.

아까 눈사람을 만들던 아이들이 말했잖아.

'왜 이리 무거워?'라고!"

눈사람의 **무게**가 대답을 보탰어.

"그래서 사람들은 **저울**을 만들었어.

어떤 **물체**의 **질량**과 **무게**가

얼마큼인지를 정확히 알고 싶어서

사람들은 **저울**을 만들어 사용해."

눈사람은 저울을 본 적이 없어서 알쏭달쏭했어.

그런데 사실이야.

시장이나 정육점에 가면 알 수 있어.

이렇게 저울은 어떤 물체가

몇 그램(g)인지, 몇 킬로그램(kg)인지를 측정해.

저울 이야기를 하니까, 저울들이 나타났어.

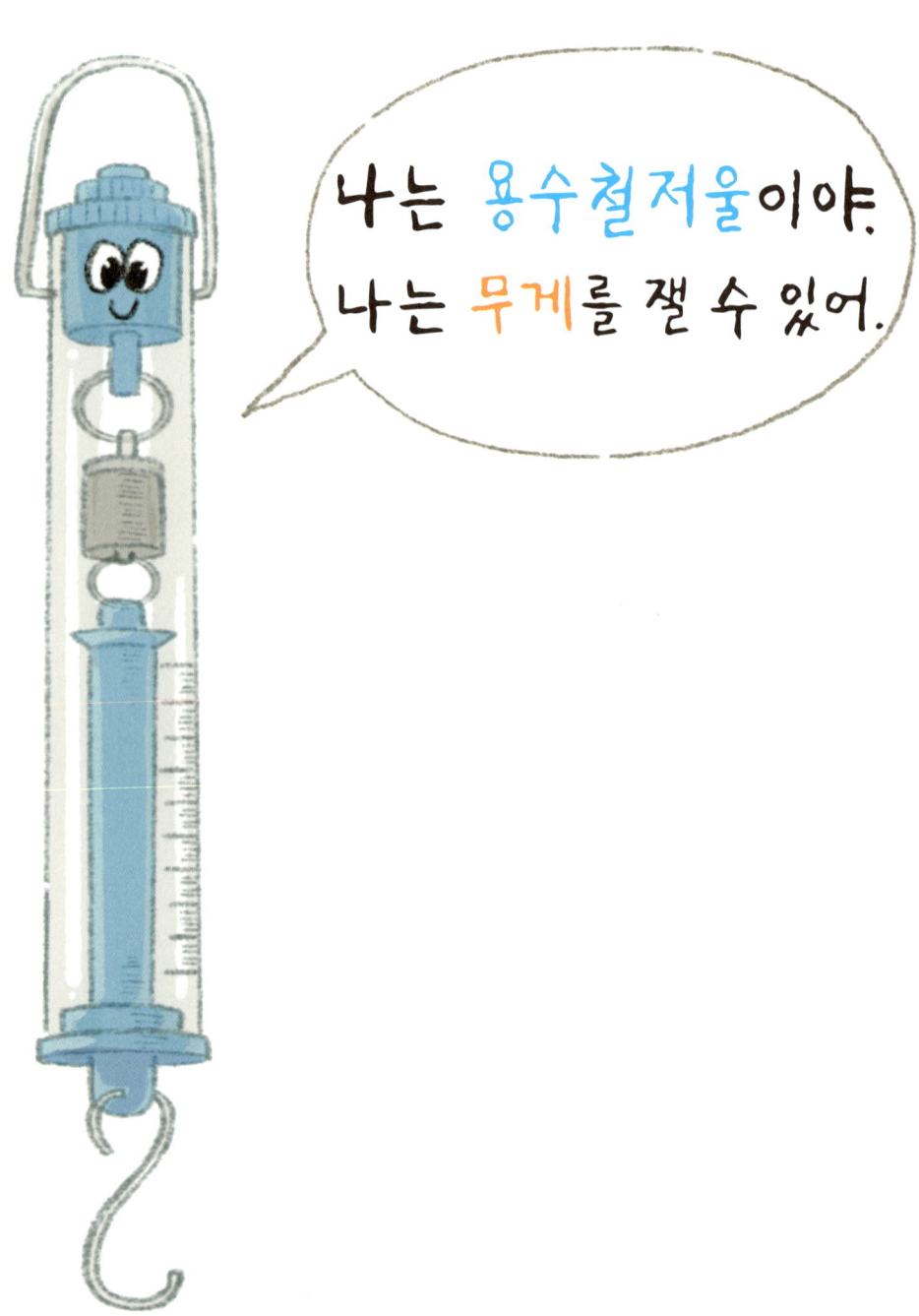

나는 용수철저울이야.
나는 무게를 잴 수 있어.

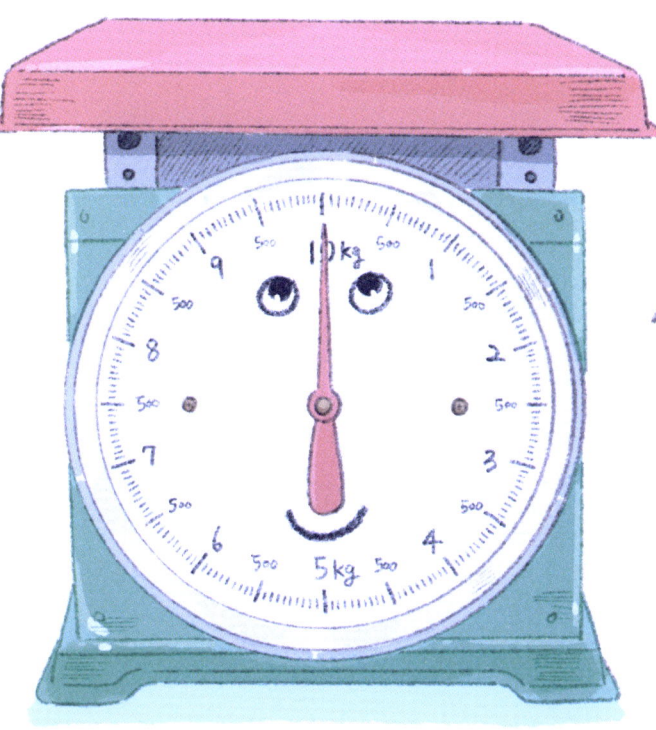

다른 저울들도 나타났어.

저울들이 무게를 숫자와 단위로 나타냈어.

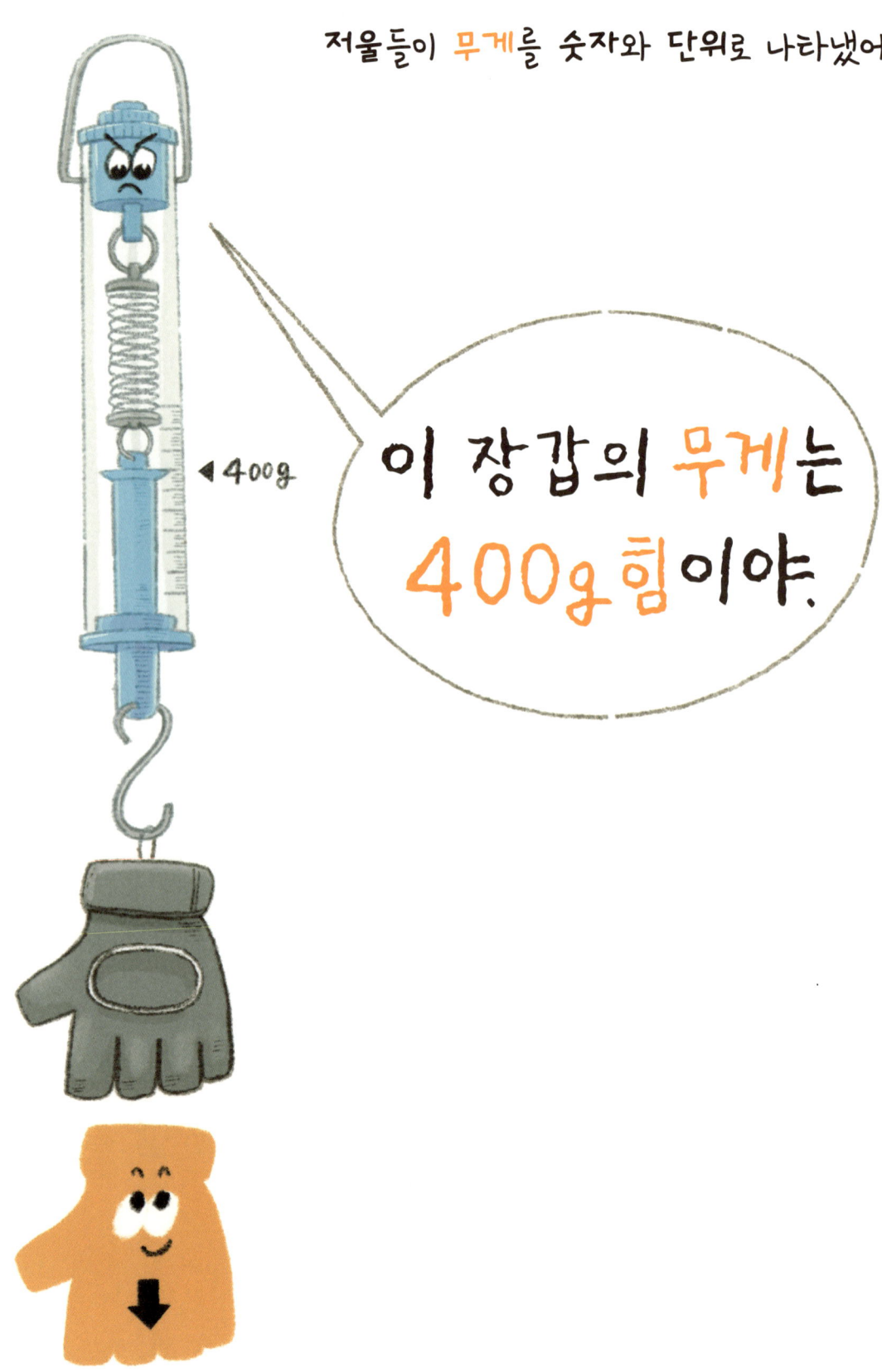

이 장갑의 무게는 400g힘이야.

양팔저울과 접시저울은 질량을 분동*으로 확인했어.

*분동: 저울로 질량을 측정할 때, 질량의 표준이 되는 여러 크기의 추. 물건을 올려놓은 판의 반대쪽 판 위에 올려 물건의 질량을 잰다. 주로 금속으로 만들어졌으며 질량에 따라 크기가 다르다.

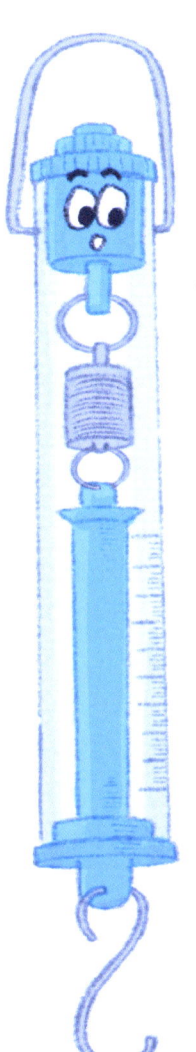

무게는 지구가 물체를 끌어당기는 힘의 크기야.

지구가 물체들을 끌어당긴다고?

앉은뱅이저울이 설명을 보탰어.

"지구는 지구에 있는 모든 물체를

지구의 중심으로 끌어당겨.

물체의 **질량**이 작으면 약하게 끌어당기고

물체의 **질량**이 크면 강하게 끌어당겨.

각 물체에 작용하는 **힘**의 크기가 바로 **무게**야."

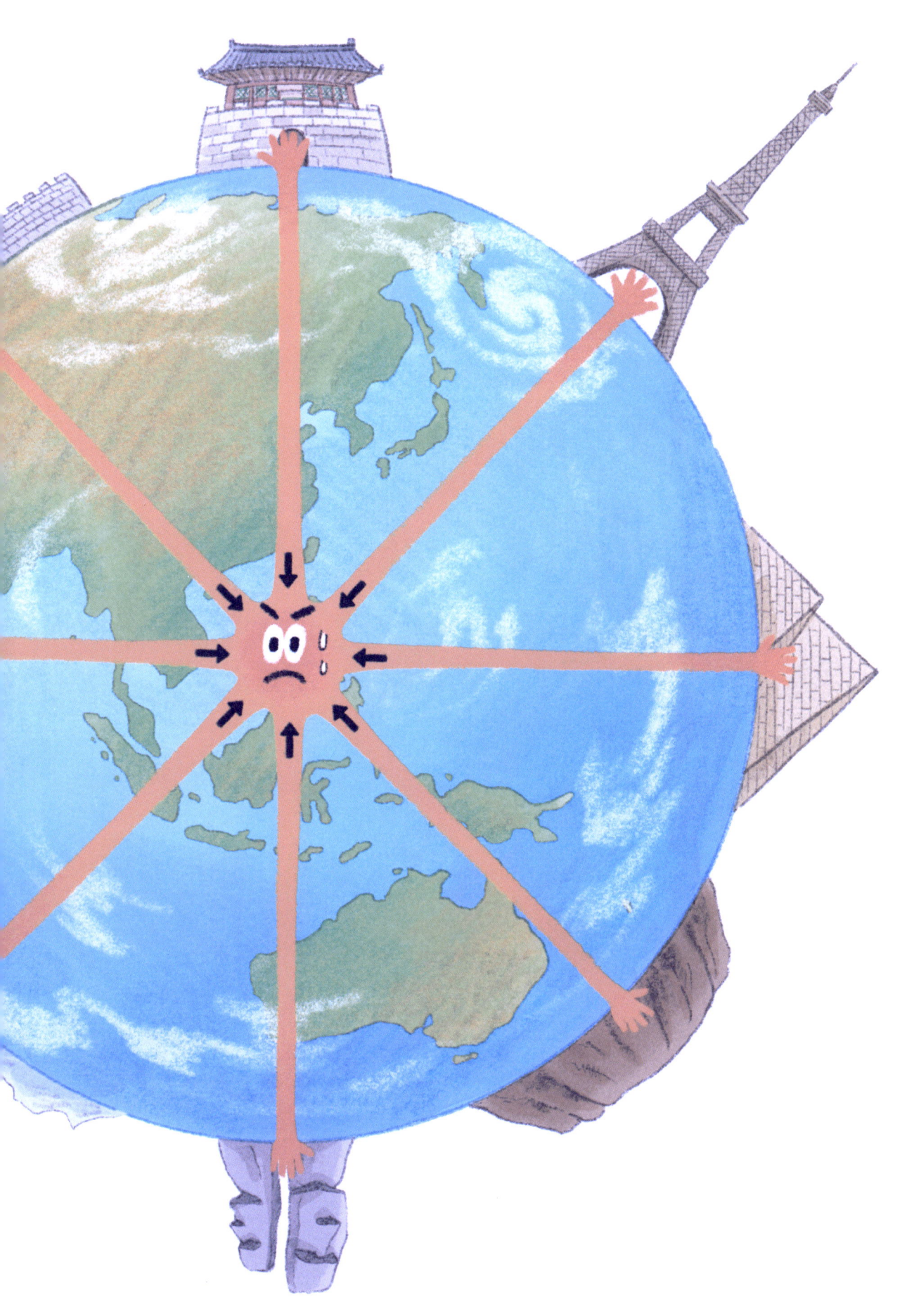

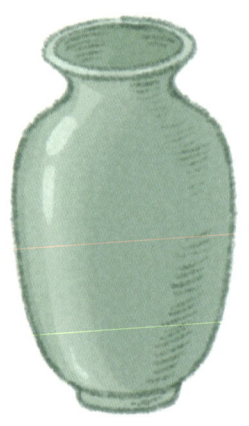

저울들의 말이 맞아.

너희의 무게가 각기 다른 것은

물건들이 고개를 끄덕일 때,

장갑이 기억을 떠올려 말했어.

"아하! 알겠어.

무거운 물건은 지구가 강하게 끌어당겨서

무겁게 느껴지는 거고,

가벼운 물건은 지구가 약하게 끌어당겨서

가볍게 느껴지는 거로구나."

양팔저울이 말했어.

"무겁다, 가볍다는 무게를 표현하는 말이야.

무거운 물건이기 때문에 지구가 강하게 끌어당기는 것이 아니라

질량이 큰 물건이기 때문에 지구가 강하게 끌어당기는 거야.

지구가 강하게 끌어당기는 물체는 질량이 크고

지구가 약하게 끌어당기는 물체는 질량이 작아."

반지도 질문했어.

그럼, 지구에서
가장 큰 물체가
질량도 가장 크겠네?

양팔저울이 대답했어.

"그래. 그런데, 지구에서 가장 큰 물체가 무엇이겠니?

바로 지구 자체야."

반지가 다시 질문했어.

"그럼, 이 큰 지구도 무엇이 끌어당기고 있나?"

그러자, 햇빛이 대답했어.

"해와 달이 지구를 끌어당기지.

지구도 해와 달을 끌어당기고 있고.

그래서 지구는 해의 주위를 맴돌고,

달도 지구의 주위를 맴도는 거야."

해와 달 얘기까지 나오자

질량과 **무게**는 우주여행을 하고 싶어졌어.

우주에서 지구를 내려다보고 싶어서

질량과 **무게**는 우주인과 함께

우주선에 탑승했어.

Three!

Two!

One!

우주선이 땅을 박차고 솟구쳐 올랐어.

그래서 우주인의 무게가 갑자기 더 커졌어.

지구가 우주인을 끌어당기는 힘이

잠시 더 커졌던 거야.

우주인의 무게는 잠시 더 커졌지만

우주인의 질량은 그대로였어.

잠시 후

우주인의 무게가 평소대로 돌아왔어.

우주선은 계속 우주를 향해 치솟았어.

그런데 우주선이 파란 하늘로 올라갈수록

우주인의 무게는 점점 작아졌어.

아무 변화 없는 우주인의 질량이

점점 작아지는 우주인의 무게를

안쓰럽게 바라보았어.

드디어, 우주선이 지구를 벗어나 캄캄한 우주로 나왔어.

그러자 우주인의 무게가 깨알만큼 작아져 희미해졌어.

무게야, 어디 있어?
왜 갑자기 안 보이는 거야?

우주인의 무게가 이제는 거의 사라졌어.

우주인의 질량은 슬픔만 데리고 지구로 돌아왔어.

우주인의 질량이 울다 지쳐

잠깐 잠들었다 깨어났어.

아니 그런데, 이게 웬일이야!

우주인의 무게가 깜빡깜빡 졸고 있는 거야.

기뻐하는 우주인의 질량에게

잠깬 우주인의 무게가 불만스레 말했어.

후루룩과학 ⑤

무게와 질량은 다른 거래!
힘과 우리 생활

초판 발행일 2025년 9월 10일

지은이 윤병무 | 그린이 이철형

펴낸곳 국수

등록번호 제2018-000158호

주소 경기도 고양시 일산동구 진밭로 36-124

전화 (031) 908-9293 | 팩스 (031) 8056-9294

전자우편 songwriter@kuksu.kr

ⓒ 윤병무, 이철형, 2025, Printed in Goyangsi, Korea

ISBN 979-11-90499-73-6 77400

ISBN 979-11-90499-60-6 (세트)

책값은 뒤표지에 쓰여 있습니다.

이 책의 저작권은 지은이와 그린이에게, 출판권은 '국수'에 있습니다.

이 책 내용의 전부는 물론이고 일부라도 재사용하려면 반드시 '국수'의 동의를 얻어야 합니다.

잘못 만들어진 책은 구입하신 서점에서 교환해드립니다.

① 어떤 수를 회장으로 뽑지?: 수의 쓰임과 자릿수

② 평각 삼각형도 있나요?: 평면도형

③ 길이 재기 대회를 한대!: 길이 단위

④ 더 빨리 셀 수 있다고?: 덧셈과 곱셈

⑤ 어떻게 똑같이 나누지?: 뺄셈과 나눗셈

① 고체 액체 기체가 뭐래?: 물질의 상태

② 배추흰나비가 변신한다고?: 동물의 한살이

③ N극과 S극이 있대!: 자석의 이용

④ 내가 너였대!: 지표의 변화

⑤ 무게와 질량은 다른 거래!: 힘과 우리 생활